ANALIZA KSIĄŻKI

AF143885

Zabójstwo przy Rue Morgue

• • • • • • • • • • • • • • • • •

EDGAR ALLAN POE

ANALIZA KSIĄŻKI

Napisany przez Cécile Perrel
Przetłumaczony przez Kâmil Kowalski

Zabójstwo przy Rue Morgue

Edgar Allan Poe

EDGAR ALLAN POE

AMERYKAŃSKI PISARZ

- **Urodził się w Bostonie w 1809 roku.**
- **Zmarł w Baltimore w 1849 roku.**
- **Godne uwagi prace:**
    - *MS. Found in a Bottle* (1833), opowiadanie
    - *Upadek domu Usherów* (1839), opowiadanie
    - *The Purloined Letter* (1845), opowiadanie

Edgar Allan Poe urodził się w Bostonie w 1809 roku. Był amerykańskim poetą i pisarzem, który wywarł duży wpływ na literaturę. Znany jest przede wszystkim z mrocznych, tajemniczych opowieści i uważany jest za prekursora nie tylko powieści detektywistycznej, ale także fantasy i science fiction.

Po studiach na Uniwersytecie Wirginii i rozpoczęciu krótkiej kariery wojskowej próbował utrzymać się z pisania, bez większego powodzenia. Pisał artykuły prasowe, poezję, a nawet powieść, *The Narrative of Arthur Gordon Pym of Nantucket*. Największy sukces odniosły jego opowiadania, zwłaszcza The *Fall of the House of Usher*, *The Man of the Crowd*, *The Black Cat* i wiele innych. Zmarł w Baltimore w 1849 roku.

ZABÓJSTWO PRZY RUE MORGUE

PIERWSZY NOWOCZESNY KRYMINAŁ

- **Gatunek**: opowiadanie
- **Wydanie źródłowe**: Poe, E. A. (2016) *The Murders in the Rue Morgue*. CreateSpace Independent Publishing Platform.
- Pierwsze **wydanie**: 1841
- **Tematyka**: śledztwo policyjne, morderstwo, wskazówki, dedukcja, analityczne myślenie

Zabójstwo przy Rue Morgue został opublikowany w 1841 roku w amerykańskim periodyku *Graham's Magazine*.

Opowiadanie stanowi ilustrację analitycznego myślenia dzięki bohaterowi Dupinowi, rodzajowi detektywa, który rozwiązuje sprawy, posługując się wyłącznie logiczną dedukcją. Podczas gdy narrator przebywa w Paryżu, policja zostaje wrzucona w nieład przez podwójne morderstwo: Pani i panna L'Espanaye, matka i córka, które mieszkały samotnie, zostały znalezione brutalnie zamordowane. Mężczyzna zostaje aresztowany, ale jest jasne, że to nie on jest sprawcą i wiele spraw pozostaje niewyjaśnionych. Dupin dzięki swojemu analitycznemu myśleniu odnajduje prawdziwego sprawcę.

STRESZCZENIE

Narrator przebywa w Paryżu wiosną i latem 1840 roku. Zaprzyjaźnia się z niejakim Dupinem, synem ze znakomitej, ale zrujnowanej francuskiej rodziny. W tym samym czasie policja jest zaskoczona podwójnym morderstwem: matka i córka, pani i panna L'Espanaye, które były praktycznie pustelnikami w swoim domu, zostają znalezione brutalnie zamordowane.

Sąsiedzi, zaalarmowani krzykami w środku nocy, popędzili do domu i usłyszeli głosy. Według ich relacji jeden z nich był francuski, a drugi trudny do zidentyfikowania. Kiedy weszli do domu kobiet, znaleźli pannę L'Espanaye uduszoną i wepchniętą do komina. Jej matka została znaleziona za budynkiem, jej głowa została prawie całkowicie odpiłowana. Nikt nie wie, do kogo należały głosy, które słyszeli, gdyż nie należały one do żadnej z ofiar.

Po policyjnym śledztwie aresztowano urzędnika bankowego, który kilka dni temu pomógł Madame L'Espanaye zanieść do jej domu dużą sumę pieniędzy. Motywem morderstwa mogła być zatem kradzież. Jednak prawie wszystkie pieniądze zostały znalezione na miejscu zbrodni. Policja jest w martwym punkcie.

Dupinowi, który zna prefekta policji, udaje się uzyskać zgodę na wyjazd do L'Espanayes. Dokładnie ogląda miejsce, po czym w towarzystwie narratora wraca do domu. Następuje rozmowa, podczas której Dupin pokazuje w pełni swój analityczny umysł.

Jego zdaniem trzeba było zwierzęcej siły, by tak czysto zdekapitować matkę i wepchnąć dziewczynkę do komina. Dupinowi udało się również odnaleźć drogę ucieczki mordercy, której nie zauważyła policja. Ponadto intrygują go dwa elementy: w dłoni jednej z ofiar znaleziono dziwne włosy, a odciski palców dowodzą, że dziewczynka nie mogła zostać uduszona ludzkimi rękami.

Po pewnym śledztwie Dupin orientuje się, że ślady na szyi dziewczyny pozostawił orangutan, okazuje się też, że znalezione w domu włosy należą do tego samego zwierzęcia. Jedyny problem polega na tym, że ani jedno zoo w Paryżu nie straciło orangutana. Zwierzę musi więc należeć do marynarza, bo marynarz mógł przywieźć jednego z podróży.

Aby zwabić właściciela zwierzęcia do swojego domu, Dupin zamieszcza w gazecie ogłoszenie o znalezieniu orangutana. Każdy, kto chce uzyskać więcej informacji, powinien przyjść do jego domu.

Przybywa francuski marynarz. Po naciskach Dupina w końcu przyznaje się do wszystkiego. Jest właścicielem orangutana, który rzeczywiście jest zabójcą. Wyjaśnia, co się stało.

Gdy pewnego wieczoru wrócił do domu, mężczyzna zastał zwierzę trzymające nóż i udające, że goli się jak człowiek. Kiedy zobaczyło swojego pana, przestraszyło się i uciekło, wciąż trzymając nóż w ręce. Później nastąpił pościg ulicami Paryża w środku nocy.

Okno jasno oświetlonego domu – L'Espanayów – przyciągnęło uwagę zwierzęcia. Wtargnęło ono do środka i zaskoczyło obie kobiety. Marynarzowi udało się wspiąć za zwierzęciem, ale ponieważ był zbyt daleko od okna, był zmuszony do bezradnego obserwowania tej sceny. Z nożem w ręku, małpa ponownie udała fryzjera, wymachując nożem przed twarzą pani L'Espanaye. Staruszka była jednak przerażona, a jej krzyki spłoszyły zwierzę, które w panice podcięło jej gardło. Córka zemdlała, a małpa udusiła ją w wybuchu wściekłości. Przestraszyła się jednak, gdy zobaczyła w oknie twarz swojego pana, dlatego próbowała zatuszować swoją zbrodnię, wrzucając ciało dziewczyny do komina. Następnie wyrzuciło ciało matki na zewnątrz, wyskoczyło przez okno i uciekło. Marynarz bał się, że zostanie obwiniony o zbrodnię, więc również uciekł. Głosy, które słyszeli sąsiedzi, należały więc do marynarza i małpy.

Dupin idzie na posterunek policji i wyjaśnia swoją teorię. Pracownik banku zostaje oczyszczony z winy i uwolniony. Marynarz nie zostaje oskarżony, a on sam odnajduje swoją małpkę i sprzedaje ją do parku.

STUDIUM POSTACI

NARRATOR

O narratorze nie mówi się nam nic. Nie znamy jego narodowości (mamy tylko wrażenie, że nie jest Francuzem) ani wieku. Na początku opowiadania dowiadujemy się jedynie, że przebywa w Paryżu przez kilka miesięcy, ale nie wiemy dlaczego.

Co więcej, nie jest on bohaterem opowieści; jest tam po prostu po to, by relacjonować fakty. Może być wersją samego Poe, służącą jako łącznik między Dupinem a czytelnikami.

DUPIN

Dupin pochodzi ze znakomitej, ale zrujnowanej francuskiej rodziny. Mieszka w zacisznej dzielnicy Paryża, a jego jedynym luksusem są książki. To właśnie literatura prowadzi go do spotkania z narratorem: obaj szukają tej samej książki.

Jest ekscentrykiem, który uwielbia noc. W ciągu dnia pozostaje w domu z zamkniętymi okiennicami i oknami, aby dać złudzenie ciemności. W nocy opuszcza swoje mieszkanie, by wędrować po ulicach.

Jest mistrzem analitycznego myślenia i wspiera logiczne rozumowanie oparte na oczywistych dedukcjach.

ANALIZA

STRUKTURA NARRACYJNA

Sytuacja początkowa to początek opowiadania, moment, w którym rozgrywa się scena i wprowadzane są postacie; sytuacja jest zrównoważona, nie ma więc powodu, by opowiadanie się rozwijało.

• Narrator i Dupin spotykają się w Paryżu. Żyją spokojnie, większość czasu spędzają na czytaniu lub spacerach po mieście.

Komplikacja to wydarzenie, które przerywa sytuację początkową i uruchamia prawdziwą historię.

• Pani L'Espanaye i jej córka zostają brutalnie zamordowane we własnym domu.

Akcja narastająca obejmuje wydarzenia spowodowane komplikacją, które doprowadzają do działania (działań) bohatera w celu rozwiązania problemu.

• Śledztwo jest trudne i mimo, że mężczyzna został aresztowany, policja ma problemy z rozwiązaniem zbrodni. Dupin udaje się na miejsce zbrodni i odkrywa wskazówki, które policja przeoczyła lub zignorowała, gdyż nie wiedziała jak je zinterpretować.

Punkt kulminacyjny to zakończenie narastającej akcji i doprowadzenie do sytuacji końcowej.

- Dupin zdaje sobie sprawę, że to nie człowiek, ale zwierzę popełniło zbrodnię. Odnajduje właściciela orangutana i nakłania go do przyznania się do wszystkiego. Zbrodnia zostaje rozwiązana, a człowiek, który został niesłusznie oskarżony i uwięziony, zostaje uwolniony.

Sytuacja końcowa jest końcem historii. Sytuacja znów jest stabilna, jak sytuacja początkowa, ale uległa zmianie.

- Małpa, która uciekła, zostaje ponownie odnaleziona i sprzedana do zoo, które będzie mogło się nią zaopiekować. Dupin i narrator wracają do swoich codziennych zajęć.

KRÓTKA HISTORIA DETEKTYWISTYCZNA

Zabójstwo przy Rue Morgue to krótkie opowiadanie.

Krótkie opowiadanie to historia, którą można przeczytać za jednym posiedzeniem. Po raz pierwszy pojawiło się w średniowieczu, ale szczyt popularności osiągnęło dopiero w XIX wieku. Jednymi z najbardziej popularnych pisarzy opowiadań w tym czasie w Wielkiej Brytanii byli Saki (1870-1916), Elizabeth Gaskell (1810-1865) i Charles Dickens (1812-1870), podczas gdy Poe był udanym pisarzem opowiadań w Stanach Zjednoczonych.

Krótkie opowiadanie ma następujące cechy:

- Zawsze jest to krótki tekst, liczący nie więcej niż kilkadziesiąt stron.

- Zbudowany jest wokół jednego wydarzenia. Tutaj Poe opowiada o podwójnym morderstwie, a czytelnik widzi rozwiązanie sprawy.

- Bardzo mało postaci wchodzi w interakcje ze sobą. Tutaj Dupin i narrator są głównymi bohaterami, a postaci drugoplanowych jest niewiele.

- Ich postacie są mało rozwinięte lub nie są rozwinięte w ogóle, co ma miejsce w *Morderstwach przy Rue Morgue*, ponieważ nic nie wiemy o narratorze.

- Jest ograniczone miejsce i czas: tutaj akcja toczy się tylko w Paryżu i w bardzo krótkim czasie, ledwie kilka dni.

Ponadto tekst jest opowiadaniem detektywistycznym, gatunkiem, który uważa się za wymyślony przez Poego. Niezależnie od tego, czy jest to opowiadanie, czy powieść, kryminał zawsze skupia się na rozwiązaniu przez śledczego sprawy, która często składa się z jednego lub kilku morderstw. Tekst zbudowany jest wokół tego założenia, od wprowadzenia sprawy do jej rozwiązania. Śledczy musi więc poskładać w całość to, co się stało, za pomocą zeznań (pochodzących od naocznych świadków) i wskazówek (czyli śladów pozostawionych przez przestępcę na miejscu zbrodni).

W *"Morderstwach przy Rue Morgue"* jedynym celem opowieści jest odkrycie mordercy i dotarcie do sedna sprawy. Tutaj to Dupin jest śledczym. W istocie odpowiada on dokładnie archetypowi detektywa, który musi rozszyfrować wskazówki, aby poskładać układankę, kierując się wyłącznie logiką i analizą. Zeznania, które posiada, to tylko to, co słyszeli sąsiedzi, ale są one tak zagmatwane i czasami tak sprzeczne, że są mało pomocne. Jedyną wskazówką są włosy i dziwne ślady uduszenia pozostawione na szyjach ofiar.

Ponadto kryminały zawsze mają kilka typów postaci:

- Ofiara jest często tym, który wszystko uruchamia. Tutaj są dwie ofiary: Pani L'Espanaye i jej córka, które zostały brutalnie zamordowane w swoim domu.

- Śledczy, o którym była już mowa. Częściej jest on członkiem sił porządkowych, ale w tym opowiadaniu tak nie jest.

- Podejrzany na ogół nie jest prawdziwym sprawcą, a jedynie osobą, która wydaje się mieć motyw do popełnienia danej zbrodni. W opowiadaniu Poe idealnym podejrzanym jest urzędnik bankowy.

- Sprawca to ten, który naprawdę popełnił zbrodnię i na początku wydaje się, że uniknie sprawiedliwości, gdy policja aresztuje podejrzanego. Tutaj jest to orangutan, dziwny sprawca, który tak naprawdę nie miał konkretnego motywu, ale zabił ze strachu.

DALSZE CZYTANIE

WYDANIE REFERENCYJNE

Poe, E. A. (2016) *The Murders in the Rue Morgue*. CreateSpace
Independent Publishing Platform.

Chcemy usłyszeć od Ciebie, co się dzieje!
Zostaw komentarz na temat swojej internetowej biblioteki
i podziel się swoimi ulubionymi książkami w mediach społecznościowych!

Dlaczego warto wybrać Must Read?

Dowiedz się wszystkiego, co musisz wiedzieć o książce dzięki naszym zwięzłym i dogłębnym streszczeniom i analizom!

Odkryj to, co najlepsze w literaturze w zupełnie nowym świetle!

Wydawca zapewnia o wiarygodności publikowanych informacji, co jednak nie może wiązać się z jego odpowiedzialnością.

www.50minutes.com

Master ISBN: 9782808695275
Papierowy ISBN: 9782808616676
Depozyt prawny: D/2023/12603/1947

Verhaal: © Primento

Projekt cyfrowy: Primento, cyfrowy partner wydawców.